Manfred Linke

Der freigelassne Trost

Manfred Linke

Der freigelassne Trost

Gedichte

München 2015

Bisherige Veröffentlichungen:

Wert und Bewertung von Firmenanteilen (1981)
Unter der Hand der Lichts. Gedichte (2008)
Die Logik des Herwegs. Philalethische Bemerkungen (2008)
Ehe der Mond war. Gedichte (2009)
Sinn und Zeit (2009)
Mit-Sein (2010)
Oder nichts. Fußnoten zur Logik (2010)
Die Entdeckung des Seins (2011)
Sprache. Ursprung und Gestalten (2011)
Menge und Un-Menge (2012)
Wahn (2012)
Die Zukunft der Wahrheit (2013)
Das Heilige (2014)

Dank an Gertraud für Textbegleitung.

Bibliographische Information der Deutschen Nationalbibliothek:
Die Deutsche Nationalbibliothek verzeichnet diese Publikation in der
Deutschen Nationalbibliographie; detaillierte bibliographische Daten sind im
Internet über http://dnb.d-nb.de abrufbar.

©: Manfred Linke, 2015
Herstellung und Verlag: Books on Demand GmbH, Norderstedt
ISBN: 9783734749117

E.

1

doppelwort sind
wir gewesen
und wurden
hoch zwei

wussten nicht
was das sei
nur
erlesen

sprache hat uns
gefehlt doch
das sprach
für uns

oberhalb
unserer kraft
lag Gott
und misslang
genauso

2

geboren hast
du mich jeden
tag und verloren
haben wir keinen

ein spruchband
kleidet uns ein
und sein duft
macht närrisch

patria
tuam vokem

3

eineiig waren
wir lang
vor adam

kuss tat nicht not
unser brot
wuchs im niemandsland

hinter den jahren
entdecken wir
hoch-zeit

4

trafen uns
mittels zeit
und staunten
dass sie
so klein war

kauften sie auf
und lebten
hoch

5

deine hände waren
zuhandener trost
deine blicke
ein stummer herold

unsere ohren hörten
vom tod des todes
traten ihm bei
und begannen

6

sahen einander an
und der wahn verlor sich
da seien
zwei

im unendlichen sind
nämlich zwei
schon alle

7

du tsunami
engel des herrn
maria

hölderlin
hat dich
vorhergesehen
starb daran
und
stand auf

8

zeitrechnung brach
mit dir ab
und fing an

wir wussten es
und verschwiegen es
hundert jahre

9

trunkenheit war
dass du vorkamst

immer noch
trinke ich
aber den wein
überfraust du
noch immer

10

polis das ist
die un-menge
die nicht stirbt
und die menge
austrinkt

erde will
heilland sein
horde von engeln
leichter als
unser beider
nichts

11

stirbst du
starb
ein gerücht

wissen ist

phosphor
stirbt nicht

12

wohnungen
bist du
dein licht
beherbergt
die zeit

was du
berührt hast
fand
nicht zurück

es wusste
du schmeckst
nach ewigkeit

13

du quadrat
des kreises
namens Gott

gebärerin
meiner treue

sterberin
meines todes

14

deine urne birgt
keine asche

niemand war
so maria

drei gramm

die tonne alter wiegt
drei gramm
weil sie als falter fliegt
nach psalterdam
und siegt

drei wunder

die treue läuft hundert meter
in null sekunden
die hoffnung macht aus kroaten
serben
der jubel baut eine stadt
aus frau

droge

in gleichnissen schleicht
durch die poren
die droge Gott
ein segen ein wein
ein messer gegen
den stein der weisen

málaga

mitten im tod
der untod

málaga

war da
málaga?

dann nicht

gewehrsein auf einem condor
die chuzpe nicht billigen
dass das herrliche
nicht mehr herr sei

dann lieber sterben

licht

das licht erlischt so treu
dass sein erlöschen leicht
so leuchtet wie es selbst

als ob

essen als äßen wir
die verschlagene spra…
heißen als hießen wir
kyrie eleis

wos a fraide

segel und anker

im heilland sind segel
und anker brüder
trinken was früher
tränen waren
und ihre narben
leuchten

jerusalem

jerusalem
du zustand statt
der städte
die bloß stein
und nicht
sie selbst sind

gen nichts

hoffnung ist
der gelichtete anker
gen nichts
weil der kosmos
nicht heimfand

verwesung

geht verwesung
in verwesung über
wohnen wir
im schafspelz
und der wein
wird postzusteller

kein ort

in komischen gewändern bittet sie
den tag
zu enden

nirgends hat
einen ort aus stoff
die sehnsucht

der quadratische kreis

trink den quadratischen kreis
da ist korn und krone
hoffnung meldet
entzückt konkurs an

auch dann noch

ach engel sage dem Gott
es war
auch wenn ich verdammt bin
schöner auf ihn zu hoffen
als aller schrott
der welt

noch in der hölle will ich
das evangelium preisen

dinner mit hirt

der hirt bat
den wolf zu tisch
schafe setzt er
ihm vor
und heult

der wolf
erbricht sich

nie

der kalte regen klopft
an tür und tor
dahinter klopft
die torheit des vergessens

nie hätte sich der himmel ausgemalt
dass er so endet

nun

ich habe den worten gesagt:
seid selbst
nun warte ich auf den unfug
Gott
und verblöde

oder das ist die freiheit

vergessen

das vergessen vergessen
depp sein
phosphor
scheiternden herwegs

ihr nach

die treue starb
voraus
und bat
zu tisch

so leuchte ihr
nun nach
und iss
dich satt

später

hundert jahre sind vielleicht
umsonst
bis eine mouche volante
sich worte einlädt
himmel zu bedeuten

es steht die halbe nacht spalier
das licht zu trinken
dass Gott narr ist

frei

aus keiner menge steigt
der freigelassne trost
und lacht

der engel hat vielleicht
kein wort und schweigt
doch meine freude macht

mich von ihm frei

fee

der zug aus osten und
der zug aus norden
dein mund
sind sie geworden und
ich liebe sie
sie kosten mich
mein leben
dich